AF602408

20 Août 1885.

V

VENTE JUDICIAIRE

AUX ENCHÈRES PUBLIQUES, EN VERTU DE LA LOI DU 25 MAI 1863
ET DU DÉCRET DU 29 AOUT 1863

DE

Beaux Bronzes d'Art

ET

D'AMEUBLEMENT

Garnitures de cheminées, Torchères, Tables, Corbeilles, Trépieds, Lustres, Candélabres, Lampes, Flambeaux, Suspensions, Groupes, Statuettes, Bustes, Vases, Coupes, Jardinières, Cartels, Bras. Chenets et Divers.

STATUE BRONZE, GRANDEUR NATURE

Sur un Socle Marbre et Bronze

Toilette Louis XVI, bronze doré

MARBRES & TERRES CUITES

Dont la Vente aux enchères publiques aura lieu

Les JEUDI 20 et VENDREDI 21 AOUT 1885

et jours suivants, s'il y a lieu, à 2 heures précises

DANS LES SALLES DE VENTES PUBLIQUES DE MM. DEBIÈRE ET MAY

70, *QUAI JEMMAPES* (*près la place de la République*)

EXPOSITION PUBLIQUE

Les Lundi 17, Mardi 18 et Mercredi 19 Août 1885, de 2 à 5 heures

Par le Ministère de **M. Adrien RAOUX**, courtier assermenté près le Tribunal de la Seine, 47, rue de Trévise

Assisté de **M. G. SERVANT** ✻, expert, 61, rue de Saintonge

PARIS — 1885

VENTE JUDICIAIRE

AUX ENCHÈRES PUBLIQUES, EN VERTU DE LA LOI DU 25 MAI 1863
ET DU DÉCRET DU 29 AOUT 1863

DE

BRONZES D'ART

ET

D'AMEUBLEMENT

STYLES LOUIS XIV, LOUIS XV, LOUIS XVI, RENAISSANCE

LA VENTE AURA LIEU

LE JEUDI 20 AOUT 1885

ET JOURS SUIVANTS, S'IL Y A LIEU

A 2 heures précises

DANS LES SALLES DE VENTES PUBLIQUES

De MM. DEBIÈRE & MAY

70, QUAI DE JEMMAPES (près la place de la République)

PAR LE MINISTÈRE DE

Me **Adrien RAOUX**, courtier assermenté près le tribunal de la Seine, 47, rue de Trévise

Assisté de **M. G. SERVANT** ✠, expert, 61, rue Saintonge

PARIS — 1885

CLAUSES ET CONDITIONS DE LA VENTE

1. Les marchandises seront vendues au plus offrant et dernier enchérisseur, livrables dans les magasins où elles sont déposés, VISIBLES TROIS JOURS AVANT LA VENTE. Aussi les acquéreurs ne pourront-ils prétendre à aucune réclamation, pour quelque cause que ce soit.

2. Les enchères et le lotissement seront fixés au moment de la vente.

3. L'adjudicataire payera comptant, sans escompte, en prenant livraison, le principal ainsi que les frais, réglés à 1 fr. 15 par 100 fr., soit 0 fr. 15 pour droit d'enregistrement, et 1 fr. pour courtage.

4. Faute par l'adjudicataire de prendre livraison dans les trois jours de la vente, la marchandise sera revendue à sa folle enchère, à ses risques et périls, trois jours après la sommation qui lui aura été faite de recevoir, et sans qu'il soit besoin de jugement.

5. Les frais de magasinage sont dus à partir du troisième jour de la vente.

Paris, le 20 Août 1885.

Signé : ADRIEN RAOUX.

Courtier de Marchandises.
Assermenté au Tribunal de commerce
de la Seine,

47, *rue de Trévise.*

DÉSIGNATION

GARNITURES DE CHEMINÉES

1 — Pendule **Louis XVI** Gouthière, dorée au demi-mat mercure, vermeil et or vert.

Paire Candélabres d'accompagnement.

2 — Pendule **Isis**, n° 2, sur marbre du Jura, décorée au bronze fumé et vieil or.

Paire Candélabres d'accompagnement.

3 — Paire Flambeaux **Momies**, bronze fumé.

4 — Pendule **Henri II**, bronze demi-rouge poli.

Paire Candélabres d'accompagnement, id.

Paire Flambeaux d'accompagnement, id.

5 — Pendule **Louis XIV** bois noir, bronze artistique, genre vieil or.

Paire Candélabres d'accompagnement.

6 — Pendule **Louis XII.**

Paire Candélabres d'accompagnement.

Paire Flambeaux d'accompagnement.

7 — Pendule **Louis XVI**, décorée or de couleur.

Candélabres d'accompagnement.

8 — Pendule **Japonaise**, décor argent niellé.

Paire Candélabres d'accompagnement.

9 — Pendule **Renaissance**, à colonnes, décor argent.

Paire Candélabres d'accompagnement.

10 – Pendule **Byzantine**, décorée or vierge.

Paire Bouts de table d'accompagnement.

11 — Pendule **Trois gaines**, sur marbre bleu turquin, dorée au demi mat.

12 — Pendule **Néo-grecque** (Demay), sur marbre rouge, garniture dorée.

Deux Lampes d'accompagnement.

13 — Pendule **Isis**, grand modèle, sur socle marbre noir gravé, décor bronze vert et vieil or.

14 — Pendule **Enfants sur nuages**, sur marbre bleu turquin, décor or mat au mercure.

Paire Candélabres d'accompagnement.

15 — Pendule à glaces **Louis XVI**, Impératrice, décorée or mat et bruni.

Paire Candélabres d'accompagnement.

16 — Pendule **Renaissance**, sur marbre rouge et noir, garniture nickelée.

Paire Candélabres d'accompagnement.

17 — Pendule **Impératrice**, à gaines, porcelaine tendre, dorée mat.

18 — Pendule **Diane**, décor vieil or.

19 — Pendule **Louis XIII**, têtes de béliers, sur porcelaine, dorée demi-mat.

Paire Candélabres d'accompagnement.

20 — Pendule **Louis XVI**, marbre noir, décor vieil or.

Paire Candélabres d'accompagnement.

21 — Pendule **Char de l'Amour**, bronze sur or et or demi-mat.

Paire Candélabres d'accompagnement.

22 — Pendule **Louis XVI**, têtes de béliers, bronze poli.

Paire Candélabres d'accompagnement.

23 — Pendule **N° 103**, décor vieil or.

Candélabres d'accompagnement.

24 — Pendule **Saint-Cloud**, sur marbre blanc, dorée au demi-mat.

Paire de Candélabres d'accompagnement.

25 — Pendule **Isis**, sur socle égyptien, marbre noir.

26 — Pendule **Bœuf Apis**, sur marbre noir, au bronze vert.

Paire Candélabres Momies d'accompagnement.

27 — Pendule **Gothique** à glaces, bronze médaille.

Paire Candélabres d'accompagnement.

28 — Pendule **Diane**, marbre noir. Statuette **Thétis**, n° 1, bronze médaille et or.

Paire Candélabres d'accompagnement.

29 — Pendule **Louis XV**, Enfants, Mercadier, garniture bronze et or.

Paire Candélabres d'accompagnement.

30 — Pendule **Louis XV**, Confidence, dorée au demi-mat.

Paire de Candélabres d'accompagnement.

31 — Pendule **Louis XIV**, marbre rouge gravé, garniture bronze or, avec **Vase de Versailles**, grand modèle, bronzé.

Paire de Candélabres d'accompagnement.

32 — Pendule **Joueuse de mandoline**, au bronze médaille.

Paire de Candélabres d'accompagnement.

33 — Pendule **Louis XIV**, Robert, petit modèle, dorée au demi-mat.

Paire de Candélabres d'accompagnement.

34 — Pendule Vase **Clodion**, sur marbre bleu turquin, décorée argent et or.

35 — Pendule **Mazarin**, marbre noir et rouge, décor or patiné.

Paire Vases d'accompagnement, même décor.

36 — Pendule **Cartouche**, marbre noir, décor or vierge.

Paire Candélabres d'accompagnement.

37 — Pendule **La Source**, de Clodion, sur marbre rouge, décor bronze vert fumé.

38 — Pendule **Enfant fontaine**, dorée, au demi-mat.

Paire Candélabres d'accompagnement.

39 — Pendule **Cariatides** Louis XIV, grand modèle, garniture polie.

40 — Pendule **Louis XV**, décorée vieil or moulu.

Paire Candélabres d'accompagnement.

41 — Pendule Louis..., **Aurore**, dorée mat et or moulu.

Paire Candélabres d'accompagnement.

42 — Pendule **Louis XIV**, bois noir, garniture dorée.

43 — Pendule **Chimères, Néo-grec**, décorée or et argent.

Paire Candélabres, sur pieds, marbre rouge, d'accompagnement.

44 — Pendule **Bacchantes**, sur marbre bleu turquin, décor argent et or.

45 — Pendule **Minerve**, socle Méduse, sur marbre noir, décorée or vieux.

Candélabres d'accompagnement.

46 — Pendule **Diane** de Habert, sur pendule Renaissance François Ier, décorée argent et or.

47 — Pendule **Dieu Chinois**, décor niellé argent et or.

48 — Pendule **Innocence**, de David, sur marbre noir, griffes dorées. La figure argentée et dorée.

49 — Pendule **Birague**, n° 2, bronze poli de deux tons.
Paire Candélabres d'accompagnement.

50 — Pendule **Chimères** et **Oiseaux**, bronze poli.
Paire Candélabres d'accompagnement.

51 — Pendule **Louis XIV**, Soleil, bronze poli.

52 — Pendule **Louis XVI, Trophée**, décor bronze poli.

53 — Pendule **Ferrure**, petit modèle, bronze poli.
Paire Bouts de table, 2 lumières, d'accompagnement.

54 — Pendule **Louis XIV**, Chimères, bronze poli.

TABLE TOILETTE LOUIS XVI

TORCHÈRES, TABLES, CORBEILLES, TRÉPIED

55 — Grande Toilette de **Style Louis XVI**, bronze doré mat.

Pièce d'exposition.

56 — Table **Louis XIV**, décor vieil or, dessus marbre.

57 — Table Japonaise, décor bronze et or.

58 — Paire de **Torchères Renaissance**, à griffons.

59 — Grande **Torchère Demay**, dorée au demi-mat.

60 — Torchère **Renaissance**, à 3 lampes, dorée argent et or.

61 - Torchère **Louis XIV**, à gaine, marbre rouge, bronze poli.

62 — Paire de **Torchères grecques**, à 13 lumières, décor bronze et or.

63 — Torchère **Flamande** (Demay), bronze demi-rouge et poli.

64 — Torchère **Lesueur**, pour lampe, décor platine et bronze.

65 — Gaine **Bois noir** sculpté.

66 — Trépied **Louis XVI**, Jardinier, pied marbre blanc, garniture dorée mat.

67 — Corbeille **Renaissance**, Varsovie, décorée argent, semé d'or.

LUSTRES, CANDÉLABRES, LAMPES

FLAMBEAUX, VEILLEUSES, SUSPENSIONS

68 — Lustre **Renaissance**, à gaines, décoré argent et or.

69 — Lustre **Cuisinier**, verni mat, à cristaux.

70 — Lustre **Louis XIV**, Fontainebleau, doré et à cristaux.

71 — Lustre **Louis XIV**, Paillard, à 35 lumières, doré et à cristaux.

72 — Lustre **Grec**, à 21 lumières, décoré bronze et or.

73 — Lustre **Louis XVI**, trois Enfants, à 30 lumières, doré au mat.

74 — Lustre **Néo-Grec** (fabrication spéciale), à 24 lumières, doré et cristaux.

75 — Lustre **Louis XIV**, n° **180**, à 21 lumières, bronze poli.

76 — Lustre à 6 verrines, verni mat.

77 — Lustre **Têtes de béliers**, à 18 lumières, cristaux taillés à gouttes, verni mat.

78 — Lustre **Louis XIV**, à cercle, à 24 lumières, verni et à cristaux.

79 — Lustre **Hollandais**, à 18 lumières, verni, à cristaux.

80 — Lustre **Louis XVI**, têtes de béliers, à 24 lumières, verni, à cristaux.

81 — Lustre **Louis XIV**, à 6 globes, à gaz, bronze poli.

82 — Lustre à **Chimères**, 5 globes au gaz, bronze poli.

83 — Lustre à **Chimères**, 6 becs au gaz, décoré bronze et or.

84 — Lustre **Antique**, à 9 lumières, bronze vert.

85 — Lustre **Grec gravé**, à 24 lumières, bronze vert et or.

86 — Lustre **Louis XVI**, Noël, à 6 lumières, préparé pour le gaz, doré, demi-mat.

87 — Lustre **Thyrse**, à 6 lumières, bronze et or.

88 — Lustre **Louis XIV**, à 12 lumières, préparé pour le gaz, poli.

89 — Lustre **Chinois**, à 12 lumières, décor or et émail.

90 — Lustre **Flut**, à 6 lumières, préparé pour le gaz, bronzé ton vieil or.

91 — Lustre **Louis XIII**, à 16 lumières, poli vieux.

92 — Lustre **Vuillet**, à 6 lumières, verni et à cristaux.

92 bis — Lustre **Grec,** à 9 lumières, bronze et or.

93 — Lustre uni **Ultramar,** à 18 lumières, verni et à cristaux.

94 — Lustre **Chinois,** à 12 lumières, doré et émaillé.

95 — Lustre enfilage cristal, à 18 lumières, doré et à cristaux.

96 — Lustre **Louis XV**, enfant concert, riche, à 30 lumière, verni.

97 — Lustre à fleurs, à 10 lumières, verni et à cristaux.

98 — Lustre **Louis XV**, balustre poire à 24 lumières, verni et à cristaux.

99 — Lustre **Louis XVI**, Delahaye, à 24 lumières, verni et à cristaux.

100 — Lustre **Louis XVI,** à 7 lumières, or mat et bruni.

101 — Lustre **Louis XIV**, à 18 lumières, verni et à cristaux.

102 — Lustre **Hollandais**, 12 lumières, bronze poli.

103 — Lustre **Louis XVI**, à médaillon, à 24 lumières, doré et à cristaux.

104 — Paire Candélabres **Louis XVI**, doubles, décorés or mat et vermeil.

105. — Paire Candélabres **Louis XIV**, à Sirènes, bronze doré.

106 — Paire Candélabres sur marbre rouge, décorés argent et or.

107 — Paire de Candélabres **Byzantins**, décorés au vieil or.

108 — Paire de Candélabres **Louis XVI**, dorés au demi-mat.

109 — Paire de Candélabres **Égyptiens**, au bronze vert frotté d'or.

110 — Paire Candélabres **Cartouche**, sur marbre noir, à 7 lumières au gaz, dorés.

111 — Paire Candélabres, sur marbre noir, décorés argent et or.

112 — Paire de Candélabres **Grecs antiques**, n° **1**, décorés bronze et or.

113 — Paire de Candélabres **Level**, sur marbre noir, decorés bronze et or.

114 — Paire Candélabres **Grecs**, bronze frotté d'or.

115 — Statuette **Mercure**, de **Jean de Bologne**, grand modèle, préparée pour le gaz, sur marbre rouge, à bas-reliefs, bronze médaille.

Statuette **Isis**, pendant du précédent.

Même établissement.

116 — Suspension **Chasse**, décorée bronze et or.

117 — Corbeille **Louis XV**, à 14 lumières, porcelaine en blanc, vernie.

118 — Suspension **Chimères**, 9 lumières, lampe palme, nickel et or.

119 — Suspension **Têtes de Faunes**, à 9 lumières, décor bronze et or.

120 — Suspension **Égyptienne**, à 9 lumières, décor bronze, vert et or.

121 — Suspension boule Porcelaine, à 9 lumières, nickelée et dorée.

122 — Suspension **Sphinx**, à 9 lumières, bronze vert.

123 — Suspension **Vieille faïence**, à 9 lumières, bronze vert et verni,

124 — Paire de Bouts de table **Henri II**, n° **2**, poli vieux.

125 — Paire de Flambeaux **Louis XVI**, dorés or mat.

126 — Paire Flambeaux **Vénus et Amour**.

127 — Paire Flambeaux **Platon**, argent et or.

128 — Paire Flambeaux **Louis XVI**, à gaines, grand modèle, dorés, demi mat.

129 — Paire Flambeaux **Louis XVI**, à gaines, petit modèle, dorés demi-mat.

130 — Paire Flambeaux **Lyre**, sur pieds, marbre blanc, dorés au demi-mat.

131 — Paire Flambeaux **Louis XV**, dorés mat.

132 — Paire Flambeaux **Louis XIV**, Pyramides, bas dorés.

133 — Paire Flambeaux **Choiselat**, pied à jour, dorés.

134 — Paire Flambeaux **Mascarons**, décor argent.

135 — Paire Flambeaux **Louis XVI**, guirlandes, bronze poli.

136 — Paire Flambeaux **Louis XVI**, à canaux, bronze poli.

137 — Paire Flambeaux **Louis XV**, à médaillons dorés au demi-mat.

138 — Paire Lampes **Neptune** et **Amphitrite.**

139 — Paires Lampes **Grecques**, à médaillons, socle bronze.

140 — Paire de Lampes à **bas-reliefs**, sur socle marbre bleu turquin, décor bronze ciseleur.

141 — Paire de Lampes **Égyptiennes**, sur pieds, marbre noir gravé, garniture vieil or.

142 — Deux Lampes Carcel Céladon, garni ure dorée.

143 — Paire Lampes **Diéterlin**, sur socle marbre noir, au bronze.

144 — Lampe **Chinoise**, à 6 lumières, décor vieil or.

145 — Veilleuse de **Roviva**, vernie mat.

146 — Veilleuse **Arabe**, décorée argent et or.

STATUE BRONZE

GROUPES, STATUETTES, BUSTES

147 — Statue **Marguerite**, grandeur nature, décorée argent et or.

Socle marbre et bronze pour ladite statue.

147 bis. — Groupe **Génie et Misère**, n° **2**, socle marbre, bronze d'art.

148 — **Motif Enfants marmousets de Versailles**, décoré bronze florentin et or.

Paire Candélabres d'accompagnement.

149 — Groupes **Nymphes chasseresses**, sur socle **Louis XVI**, à volute, marbre bleu turquin, décor argent et or.

Paire Candélabres d'accompagnement.

150 — Groupe **Les trois Grâces**, grand modèle, sur socle marbre rouge, décoré bronze et or.

151 — Groupe **Faune et Bacchante**, au bronze frotté d'or, sur socle marbre noir, garniture dorée.

152 — Groupe **Amour captif**, bronze sur socle marbre bleu turquin, décoré au bronze genre vieil or, par Sauzel.

153 — Groupe **Amphitrite**, sur socle marbre rouge, bronze frotté or.

154 — Groupe **Érigone**, bronze frotté.

155 — Groupe **Sapho**, bronze médaille, Pradier.

156 — Groupe **Sapho**, grand modèle, bronze médaille.

157 — Groupe **Atalante**, bronze, Pradier.

158 — Groupe **Méditation**, bronze.

159 — Groupe **Chasse au Sanglier**, bronze.

160 — **Saint-Sébastien** de Puget, bronze médaille.

161 — **Vénus à la Coquille**, de Debay, bronze médaille.

162 — Groupe **Vanneau**, côté droit bronze.

163 — Groupe **Vanneau**, côté gauche bronze.

164 — Groupe **Amour et Amitié**, bronze.

165 — **Marguerite**, sur socle **Louis XVI**, marbre blanc, garniture dorée.

Paire Candélabres **Louis XVI, Vases Clodion**, sur pieds, d'accompagnement.

166 — Statuette **Triboulet**, assis, décor argent.

167 — Statuette **Le Jour**, 0^m60.

Statuette **La Nuit**, 0^m60.

168 — Statuette **Salomé**, 0m60.

169 — Statuette **Marguerite**, 0m85, décoré au bronze frotté d'or.

170 — Statuette **Faust**, même décor.

171 — Statuette **Pandore**, grand modèle, bronze d'art.

172 — Statuette **Vénus de Milo**, bronze.

173 — Statuette **Thétis, n° 2**, dorée.

174 — Statuette **Salomé**, n° 3, bronze médaille.

175 — Statuette **Henri IV**, 0m46, bronze médaille.

176 — Statuette **Automne**, bronze.

177 — Statuette **Hiver**, bronze.

178 — Statuette **Printemps**, bronze.

179 — Statuette **Été**, bronze.

180 — Statuette Une **Contemporaine**, 0m60, bronze ciseleur.

181 — Statuette **Cérès antique**, bronze médaille.

182 — Statuette **Hiver**, bronze médaille.

183 — Statuette **Printemps**, bronze médaille.

184 — Statuette **Salomé**, n° 3, bronze médaille.

185 — Buste **Premières fleurs**, grand modèle sur socle, marbre bleu turquin, avec listels.

186 — Buste **Fiancée Moyen-âge**, décoré or platine.

187 — Buste **Sortie de l'Église**, décoré or patiné.

188 — Buste **Jupiter-Trophonius**, bronze vert, sur socle marbre rouge.

189 — Buste **Premières fleurs**, seconde grandeur, bronzé ton vieil or.

190 — Buste **Phidias.**

191 — Buste **Vierge.**

192 — Buste **Diane de Poitiers**, décoré au bronze florentin.

193 — Petit buste **Baigneuse d'Allegrain**, sur pied marbre.

194 — Petit buste **Ariane**, sur pied marbre.

194 bis — **Sortie de l'Eglise**, or platine.

194 ter — Statuette **Salomé**, grand modèle, bronze.

VASES, COUPES, JARDINIÈRES

195 — Grand **Vase Renaissance**, Mascarons, décoré au vieil or.

196 — Paire **Vases Combat de coqs**, bronzés.

197 — Paire Vases à **Godrons, n° 2**, bronze vert.

198 — Paire Vases **Louis XIII**, sur marbre bleu turquin, brindilles dorées et bronze ton vieil or.

199 — Grand Vase **Crozatier, Renaissance**, avec bouquet, bronze médaille.

Grand Vase, pendant du nº ci-dessus.

200 — Vase à **Godrons**, nº **1**, bronze vert.

201 — Coupe **Louis XVI**, marbre bleu et brocatelle, décorée or mat.

Paire Cassolettes assorties, même décor.

202 — Coupe **Memphis**, sur socle, marbre rouge.

203 — Coupe **Louis XVI**, Guilleminot, dorée au demimat.

204 — Jardinière **Varsovie**, à 6 lumières.

CARTELS, BRAS

206 — Cartel **Louis XIV**, à soleil, bronze poli.

207 — Cartel **Louis XVI**, Enfants sur des nuages, décoré bronze d'art.

208 — Cartel **Renaissance**, décoré argent et or.

209 — Cartel **Renaissance**, grand modèle modifié, bronze poli.

210 — Cartel **Renaissance**.

211 — Paire bras **Louis XIV**, Fontainebleau, dorés et à cristaux.

212 — Paire bras **Chinois**, émail à chaud et dorés.

213 — Paire bras **Henri II**, à lampes, préparés pour le gaz, bronze rouge et jaune polis.

214 — Paire bras **Louis XVI**, à serpents, dorés au demi-mat.

215 — Paire bras **Louis XVI**, flammes et rubans, dorés au mat.

216 — Paire bras **Louis XVI**, à guirlandes de fleurs, 2 lumières, or mat.

217 — Paire bras **Renaissance**, à gaine, décorés argent et or.

218 — Paire bras **Louis XV**, dorés.

219 — Paire de bras **Louis XVI**, Ramond, à 3 lumières, dorés au demi-mat.

220 — Paire bras **Renaissance**, n° **408**, à 5 lumières, au bronze ton vieil or.

221 — Paire bras **Louis XVI**, 5 lumières, vernis mat (Ferraud).

222 — Paire bras **Louis XIV**, à 8 lumières, vernis et cristaux.

223 — Paire bras **Louis XIII**, à 4 lumières, vernis et à cristaux.

224 — Paire bras **Louis XVI**, à 3 lumières, bronze poli.

225 — Paire bras **Louis XVI riches**, à canaux, 4 lumières, dorés or moulu.

226 — Paire bras **Louis XVI**, 3 lumières, vernis mat.

227 — Paire de bras **Louis XV**, à 3 lumières, bronze poli.

228 — Paire bras **Louis XV**, n° **452**, à 2 lumières, bronze poli.

229 — Paire bras **Louis XV**, rubans, à 3 lumières, bronze poli.

230 — Paire bras **Yarz**, à 4 lumières, vernis.

231 — Paire bras **Louis XVI**, têtes de béliers, à 5 lumières, vernis et cristaux.

232 — Paire bras **Gothiques**, à 6 lumières.

233 — Paire bras **Renaissance**, à 8 lumières, vernis.

234 — Paire bras **Grecs**, suspension, décor bronze et or.

235 — Paire bras **Grecs Pompéi**, décorés bronze vert et or.

236 — Paire bras **Chasse**, à 3 lumières, bronze vert et or.

237 — Paire de bras à **Fleurs de Lys**, riches, à 3 lumières, dorés.

238 — Paire bras **Jouanin**, à 5 lumières, vernis mat.

239 — Paire bras, à 5 lumières, vernis.

240 — Paire bras **Renaissance**, Cariatides, au gaz, décorés bronze frotté.

CHENETS

241 — Paire Chenets **Renaissance**, à griffons, ton acier.

242 — Paire Chenets **Louis XVI**, Marie-Antoinette.

243 — Paire Chenets fer forgé.

244 — Paire Chenets **Renaissance**, argent et or.

245 — Paire Chenets boules à jour, décoré vieil or.

246 — Paire Chenets, n° **132**, dorés or mat.

247 — Paire Chenets **Enfants sur des nuages**, dorés or mat.

248 — Chenet **Jouaillerie,** grand modèle.
Chenet **Vase de la Reine,** sur marbre noir.

249 — Deux paires Chenets **Louis XV**, à godrons vernis.

250 — Paire Chenets **Grecs**, double chimère, bronze vert.

251 — Paire Chenets **Louis XVI**, tête d'homme, vernis mat.

252 — Paire Chenets **Louis XVI**, rinceaux anciens, décor verni mat.

253 — Paire Chenets **Cassolettes**, n° **103**, vernis mat. (Sans bande.)

254 — Paire Chenets **Renaissance**, Vénitiens, sur ferrure, bronze poli.

255 — Paires Chenets **Louis XIV**, à console, vieil or.

256 — Paire Chenets **Louis XVI**, lion et draperie. bronze poli.

257 — Paire Chenets **Louis XVI**, frise à rosaces, vernis.

258 — Paire Chenets **Louis XIV**, volute, vernis.

259 — Paire Chenets **Louis XVI**, fleurons, vernis mat.

260 — Paire Chenets **Égyptiens Pyramide**, décor argent et or.

261 — Paire Chenets **Égyptiens Sphinx**, décor argent et or.

262 — Paire Chenets **Renaissance**, boule à jour, bronze poli.

263 — Paire Chenets **Louis XIII**, têtes de lions et de chevaux, grand modèle, bronze poli.

264 — Paire Chenets genre ferrure, vieil or.

265 — Paire Chenets **Rinceaux** et **Guirlandes**, vernis vifs.

266 — Chenets **Louis XV**, Singes, polis.

267 — Paire Grands Chenets **Renaissance**, Diéterlin, bronze poli.

MARBRES ET TERRES CUITES

268 — Statuette **Bacchus** enfant, marbre blanc.

269 — Petit buste **Enfant**, marbre blanc.

270 — **Enfant au Lapin**, marbre blanc.

271 — Buste **Fiancée** au Moyen âge, terre cuite.

272 — Buste **Fiancée**, terre cuite.

DIVERS

273 — Paire Vases **Japonais**, décorés au bronze artistique.

274 — Guerrier **Chinois**, bronze ancien.
Paire de Vases Japonais.

275 — Paire Cornets **Japonais**, au bronze vert fumé.

276 — Paire petits Baguiers, émail à chaud et dorés.

277 — Paire Vases émaillés.

278 — Pot à Tabac, imitation bronze.

279 — Paire Porte-Chapeaux, têtes de Béliers, 3 branches, vieil or.

280 — Paire Porte-Chapeaux, têtes de Béliers, 3 branches, vieil or.

281 — Porte-Bouquet, cristal et bronze poli.

282 — 2 Lances (Armée), dorées au mercure.

283 — 4 Lances (État-Major), petit modèle, dorées au mercure.

284 — 5 Lances (État-Major), grand modèle, dorées au mercure.

285 — Quatre Médaillons **Gambetta**, grand modèle.

286 — Deux Médaillons **Grévy**, grand modèle.

PARIS

IMPRIMERIE DE D. JOUAUST ET J. SIGAUX

Rue Saint-Honoré, 338

www.ingramcontent.com/pod-product-compliance
Ingram Content Group UK Ltd.
Pitfield, Milton Keynes, MK11 3LW, UK
UKHW020452180726
13839UKWH00004B/1780